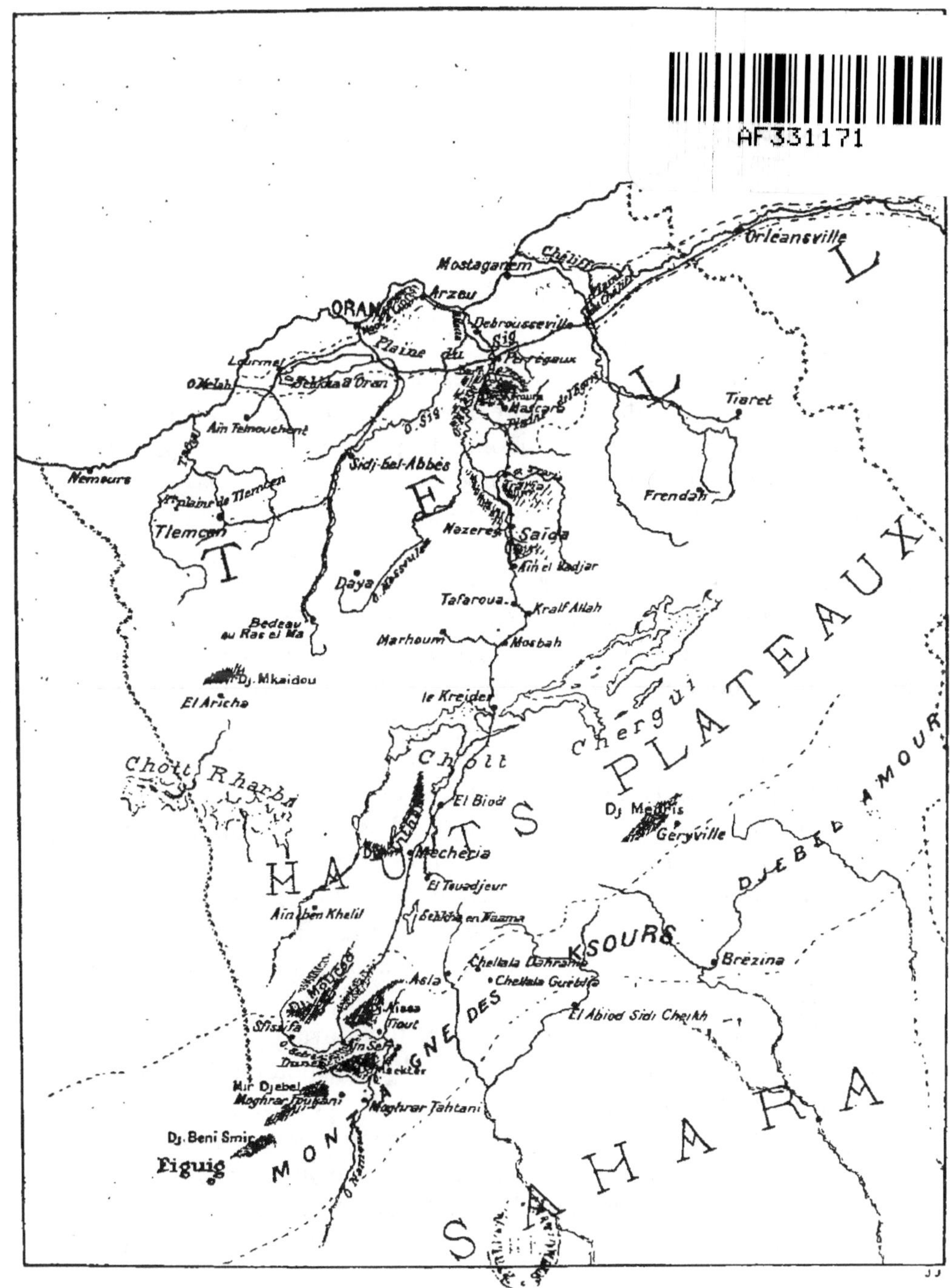
AF331171
Orléansville
Mostaganem
Chélif
Arzew
ORAN
Debrousseville
Sig
Plaine du
Lourmel
Perrégaux
O. Melah
Sebkha d'Oran
Mascara
Tiaret
Aïn Temouchent
O. Sig
Sidi-Bel-Abbès
Frendah
Nemours
Plaine de Tlemcen
Nazereg
Saïda
Tlemcen
Aïn el Hadjar
Daya
Tafaroua
Kralf Allah
Bedeau
ou Ras el Ma
Marhoum
Mosbah
Dj. Mkaidou
El Aricha
le Kreider
Chergui
PLATEAUX
Chott
Chott Rharbi
El Biod
Dj. Mellis
Géryville
DJEBEL AMOUR
HAUTS
Mecheria
El Touadjeur
KSOURS
Aïn ben Khelil
Sebkha en Naama
Chellala Dahrania
Brezina
Maroc
Asla
Chellala Gueblia
Nsaa
Tiout
El Abiod Sidi Cheikh
Sfissifa
Aïn Sefra
DES
Tanout
Moerkar
Mir Djebel
Moghrar Foukani
Moghrar Tahtani
Dj. Beni Smir
MON
Figuig
O. Namous
SAHARA
SAHARA

LE SUD ORANAIS ET LES HAUTS-PLATEAUX

Le Sud Oranais, où se sont livrés il y a douze ans nos derniers combats contre les Arabes, paraît devoir être dans un avenir assez prochain, sinon le théâtre, du moins le point de départ d'opérations militaires ayant pour objectif les importantes oasis du Touat, où Bou Amema, notre vaincu de 1881, s'est réfugié après sa défaite, et où il ne cesse d'exciter contre nous la haine des tribus limitrophes de nos dernières possessions dans le sud de la province. Ayant habité pendant dix-huit mois ces régions reculées, je vais me faire, si vous voulez bien, votre cicerone pour entreprendre avec vous dans ces contrées une excursion dont mon inexpérience dans l'art de bien dire diminuera l'intérêt, mais que je vais m'efforcer de rendre aussi peu aride qu'il me sera possible. Ce voyage d'ailleurs, si vous vouliez l'entreprendre autrement que vous n'allez le faire en ce moment, se trouverait bien facilité aujourd'hui par la construction de ce chemin de fer, dit de pénétration, qui relie directement le littoral méditerranéen avec le rivage méridional de cette autre mer que nous appelons la *mer d'Alfa* et qui comprend toute l'étendue de terre à laquelle on avait donné le nom de *Petit-Sahara,* et qu'aujourd'hui on appelle plus communément les *Hauts-Plateaux.*

Chemin faisant, nous verrons se dérouler devant nous les régions successives qui ont servi de base à la classification du territoire en quatre parties distinctes : le *Littoral*, le *Tell*, les *Hauts-Plateaux* et le *Sahara* proprement dit. Nous franchirons les trois premières et, lorsque nous serons arrivés au pied des hautes montagnes qui forment une barrière entre les plateaux élevés du Sud Oranais et les plaines beaucoup plus basses du grand désert, nous quitterons un moment la

SOCIÉTÉ DE GÉOGRAPHIE DE LILLE

LE
SUD ORANAIS & LES HAUTS-PLATEAUX

PAR

M. le Docteur A. SOCKEEL,

Médecin-Major de 1re classe au 73e régiment d'Infanterie.

Extrait du Bulletin de la Société de Géographie de Lille (Septembre 1894)

LILLE,
IMPRIMERIE L. DANEL.
1894

SOCIÉTÉ DE GÉOGRAPHIE DE LILLE

LE

SUD ORANAIS & LES HAUTS-PLATEAUX

PAR

M. le Docteur A. SOCKEEL,

Médecin-Major de 1re classe au 73e régiment d'Infanterie.

Extrait du Bulletin de la Société de Géographie de Lille (*Septembre 1894*).

LILLE,
IMPRIMERIE L. DANEL.
—
1894.

voie ferrée pour pousser une pointe à travers la montagne jusqu'aux limites septentrionales du Grand-Sahara.

Nous partirons, si vous voulez, de la tête de ligne même, d'*Arzew*, charmant petit port avantageusement situé au pied de la *Montagne des Lions*, dont un prolongement, le *Djebel-Orous*, s'avance assez loin dans la mer pour faire d'Arzew une rade naturelle, admirablement protégée contre les vents du nord et du nord-ouest.

D'Arzew, la voie ferrée suit d'abord de très près le rivage même de la mer, et, passant pendant une vingtaine de kilomètres entre des dunes peu élevées, se dirige franchement vers l'est jusqu'à l'embouchure de la *Macta*, qu'elle traverse. Elle s'infléchit ensuite pour prendre la direction du sud et parcourir une plaine encore bien marécageuse et inhospitalière, mais que des efforts persévérants et bien dirigés ne tarderont pas à transformer en une superbe et immense métairie, dont l'aspect riant et la végétation intensive feront vite oublier les sacrifices en existences que ces travaux de défrichement ont déjà occasionnés et vont coûter encore. Quand j'étais médecin-chef de l'hôpital militaire d'Arzew en 1885, j'ai pu me rendre compte par moi-même de ce que vaut chaque coup de pioche dans ces terres d'alluvion si longtemps restées incultes. Toute la population européenne employée à ces travaux était minée par les fièvres, et je pourrais citer comme exemple telle famille noble du Midi de la France que des revers de fortune avaient amenée à s'expatrier et qui était venue s'échouer à la Compagnie Franco-Algérienne comme chefs d'une de ses exploitations agricoles. J'ai encore présente devant les yeux la chambre où les cinq membres de cette famille grelottaient à qui mieux mieux, sous l'influence de fièvres graves contractées dans la plaine de Débrousseville. Mais l'exemple de Bouffarick est là pour soutenir les efforts, et l'on peut affirmer que dans quelques années de magnifiques vignobles, de superbes orangeries, des cultures florissantes changeront en un lieu de délices ces plaines auparavant désertes et inhospitalières, auxquelles se rattache pour nous, d'autre part, un souvenir pénible quoique glorieux, de nos premières années de lutte pour établir notre domination sur ce territoire.

C'est dans cette plaine que s'est déroulé au mois de juin 1835 le sanglant et triste épisode de la Macta, où le général Trézel a soutenu pendant trois jours une lutte acharnée contre les troupes d'Abd-el-Kader. C'est là que les 2,500 hommes que le général avait pris à la garnison d'Oran pour venir au secours de tribus amies en détresse, furent assaillis par 18 à 20,000 Arabes fanatisés par la voix d'un chef intrépide et qui, après avoir réussi le troisième jour à couper en deux notre colonne, firent un horrible massacre des blessés et des malades transportés par un convoi trop lourd pour une expédition aussi hasardeuse. Heureusement la valeur de nos soldats rétablit la fortune de nos armes, et, après le moment de panique causée par l'irruption soudaine d'une nuée de cavaliers, la colonne put se reformer et continuer en bon ordre sa retraite sur Arzew.

La Macta est formée par la jonction de deux autres rivières : le *Sig*, qui vient de l'ouest, et l'*Habra*, qui descend du sud. C'est cette dernière que nous allons suivre et, puisque je vous ai rappelé la défaite de la Macta, je m'empresse d'évoquer devant vous le souvenir de la revanche qu'a prise quelques mois après, en novembre 1835, sur les bords de cette Habra, le maréchal Clauzel, dans sa marche d'Oran à Mascara, lorsqu'il voulut aller écraser dans sa place forte même la puissance naissante de notre farouche rival. La tactique qui avait réussi à Abd-el-Kader au mois de juin ne put cette fois entamer notre colonne plus nombreuse et plus solidement constituée. La victoire fut complète et la prise de Mascara en fut la conséquence immédiate.

Le chemin de fer nous amène ainsi à *Perrégaux*, au point où la ligne Arzew-Saïda coupe la grande ligne Alger-Oran. Jusqu'ici nous avons été en plaine : l'altitude de Perrégaux n'est encore que de 40 mètres, bien que nous ayons parcouru 50 kilomètres depuis notre départ.

A partir de Perrégaux nous quittons la région du littoral fort basse en ce point, comme vous avez pu le voir, et nous entrons dans la région montagneuse qui constitue le Tell et qui s'arrête à la lisière des Hauts-Plateaux. Nous allons monter par échelons successifs de 40 à 1,150 mètres.

La rivière que nous avons côtoyée, change bientôt encore une fois de nom et perd celui d'oued Habra pour s'appeler désormais l'*oued el Hammam*. C'est là un fait très fréquent dans la dénomination des rivières algériennes.

Peu après le départ de Perrégaux, nous traversons la rivière sur un pont en fer et nous en longeons la rive gauche pendant une vingtaine de kilomètres pour la traverser de nouveau et rester définitivement sur sa rive droite. Dans ce trajet, la voie ferrée décrit une courbe accentuée dont la concavité embrasse le massif de Tifroura, au nord de Mascara. La montée est raide, la vallée très resserrée. A dix kilomètres au sud de Perrégaux, on aperçoit sur sa gauche un barrage gigantesque. Un mur haut de 40 mètres et long de 450 a été construit immédiatement au-dessous du point où l'oued el Hammam reçoit deux affluents : l'*oued Fergoug* à l'est, et l'*oued Tézou* au milieu. Cette barrière colossale, solidement ancrée dans les flancs des collines limitrophes, n'a pas moins de 42 mètres d'épaisseur à la base. Elle forme là un superbe lac artificiel à trois branches qui recueille les eaux de toutes les montagnes voisines et peut arrêter ainsi jusqu'à 30 millions de mètres cubes d'eau, ce qui permet d'irriguer 6,000 hectares en été et 30,000 en hiver. Au pied du barrage, une vanne facile à manœuvrer commande un canal d'irrigation qui conduit les eaux à Perrégaux, où se trouve le répartiteur qui les divise entre plusieurs canaux secondaires desservant les terrains irrigables.

Dans la nuit du 14 au 15 décembre 1881, au moment où le réservoir venait de se remplir subitement à la suite d'un grand orage, une rupture s'est produite à la couronne et a entraîné le reste du mur sur une hauteur de 15 mètres et une longueur de 110 mètres. L'eau s'est échappée avec une telle abondance et une force si prodigieuse que la voie ferrée en a été très endommagée, et que les pertes en récoltes et en bestiaux ont été considérables. Malheureusement, là ne se sont pas bornés les dégâts. Des tribus arabes venues s'installer dans la vallée, en contrebas de l'obstacle, n'eurent pas le temps de fuir l'inondation et près de 500 personnes furent victimes de cet accident déplorable.

Après avoir dépassé le barrage, la voie continue de monter rapidement jusqu'à *Tizi*, d'où part l'embranchement qui conduit à *Mascara*. Nous sommes arrivés au centième kilomètre et sommes déjà à l'altitude de 450 mètres.

A partir de Tizi, l'horizon s'élargit et l'on traverse alors de véritables plaines, très fertiles, étagées les unes au-dessus des autres et formées par l'écartement des massifs montagneux : d'abord celle de l'*Egris*, qui s'étend jusqu'à Mascara et qui est remarquable par ses riches vignobles. Puis celle de l'*oued Traria*, enfin celle de *Saïda*. C'est après avoir franchi cette dernière qu'on trouve la ville de *Saïda*, où l'on s'arrête pour passer la nuit. Nous sommes alors à l'altitude de 807 mètres et nous sommes à 170 kilomètres d'Arzew. Partis de cette ville à 9 h. 15 du matin, nous arrivons à Saïda à 5 h. 26 du soir, c'est-à-dire que nous avons mis huit heures pour franchir ces 170 kilomètres, soit 21 kilomètres à l'heure, un peu moins vite que beaucoup de trains de marchandises en France.

Saïda est une ville de création récente. Elle a été bâtie en 1854 et est formée, comme beaucoup de villes analogues, de deux quartiers différents : un quartier militaire, sorte de citadelle au pied de laquelle s'est élevée peu à peu une cité ouverte, dans laquelle vous trouverez l'hôtel où vous aurez à attendre le départ du lendemain.

Ce départ s'effectue à 7 h. 30 du matin. On monte rapidement de nouveau et l'on gagne en moins de deux heures le point culminant de la ligne. La première partie du trajet est particulièrement intéressante. On parcourt là une véritable boucle, sorte de spire qui commence au pied d'une colline, contourne le flanc de collines voisines et vous ramène sur la première en un point beaucoup plus élevé d'où l'on découvre l'ensemble du chemin que l'on vient de parcourir. C'est la partie de la ligne où la rampe est la plus raide. De Saïda à la gare suivante (Aïn el Hadjar), distante de 12 kilomètres, on monte de 217 mètres, soit une pente de 18 mètres par kilomètre.

Aïn el Hadjar est une gare importante, parce que c'est là que se trouvent les ateliers de triage et de compression des ballots d'alfa de la Compagnie Franco-Algérienne. C'est là qu'au début de l'insurrection de 1881, les bandes de Bou Amema firent d'horribles massacres des ouvriers espagnols employés à ces travaux.

Après avoir quitté Aïn el Hadjar, on arrive bientôt à *Tafaroua,* qui est au point culminant de la ligne, mais d'où la vue ne s'étend pas encore sur les Hauts-Plateaux. C'est seulement après avoir dépassé un défilé près de *Kralfallah,* qu'on a franchi les derniers mamelons du Tell et que commence la région constituant réellement ce qu'on est convenu d'appeler le Sud Oranais. On entre alors réellement dans la plaine interminable ou plutôt dans l'immense cuvette qui forme le Petit-Sahara. Jusqu'ici la vue était constamment distraite par un paysage dont l'aspect change de kilomètre en kilomètre. A partir de Kralfallah, c'est l'immensité, c'est la traversée longue et monotone de ce vaste territoire qui, ici, n'a pas moins de 200 kilomètres du nord au sud.

La forme générale des Hauts-Plateaux est celle d'un triangle dont la base est largement ouverte du côté du Maroc, avec lequel elle se continue sans ligne de démarcation précise. Le sommet du triangle est dans la province d'Alger. Le côté septentrional est formé par le sommet des montagnes du Tell (massif de Tlemcen, puis massif de Saïda, Ouarensenis, etc., etc.); la limite méridionale est marquée par les monts des Ksour, auxquels fait suite le Djebel-Amour.

Dans son ensemble, ce vaste territoire représente une cuvette dont la partie la plus basse, ou fond, est occupée par des chott, c'est-à-dire par des dépressions étendues, mais peu profondes, où l'eau qui tombe dans cet immense bassin sans issue s'accumule pendant la saison des pluies, mais où elle ne séjourne guère, parce que l'évaporation est si active en ces régions qu'il ne reste bientôt plus dans les bas-fonds que des couches salines, dont la croûte plus ou moins épaisse, réfléchit très vivement les rayons du soleil et donne lieu à des effets de mirage d'une variété surprenante.

A partir de Kralfallah, tandis qu'une route carrossable se dirige vers le sud-est et mène à *Géryville*, la voie ferrée descend du nord au sud la pente insensible qui aboutit au fond de cette cuvette. On arrive ainsi au *chott Chergui*, qu'au sortir du *Kreider*, on traverse sur la lagune de sable et sur le pont qui séparent les deux parties de ce chott. A ce moment on est à l'altitude de 988 mètres. Puis la voie se relève de nouveau peu à peu pour atteindre 1,158 mètres à *Méchéria*, qui était en 1886, à l'époque où j'y habitais, le point terminus du chemin de fer. C'est là que j'ai vécu pendant dix-huit mois. Ce sont les observations que j'ai pu y recueillir que je vous demande la permission de vous communiquer. J'avais emporté d'Afrique des tracés graphiques où la température, la direction des vents, l'état du ciel, les jours de siroco, etc, étaient notés d'après mes observations journalières. Malheureusement, dans mes déménagements successifs, j'ai perdu ces papiers, et c'est de mémoire que je vais vous donner les impressions qui me sont restées de mon séjour dans le désert. Je dis désert un peu par habitude, car la région n'est pas aussi désolée que cette dénomination pourrait vous le faire croire. Sans doute il n'y a ni villes, ni villages dans cette immense étendue. Abstraction faite de nos postes militaires du Kreider et de Méchéria, les seules maisons que l'on y rencontre sont, à peu de choses près, les gares du chemin de fer, espacées entre elles d'une dizaine de kilomètres, gares d'aspect fort sévère, véritables petites forteresses n'ayant qu'une ouverture, que l'on peut fermer au moyen de portes métalliques, et présentant tout autour de l'unique étage une galerie, métallique également, où le personnel de la gare se réfugierait et pourrait tenir tête aux assaillants, en cas de révolte et d'attaque des tribus avoisinantes.

Mais s'il n'y a ni villes ni villages, cela ne veut pas dire qu'il n'y ait pas d'habitants. Seulement, toutes les tribus sont nomades, vivent sous la tente et se déplacent au fur et à mesure des besoins de leurs innombrables troupeaux. Vous en verrez toujours quelques groupes dans le cours de votre voyage. Vous rencontrerez aussi çà et là quelques cavaliers arabes que la vue d'un train met en bonne humeur et qui, à son approche, se lanceront de toute la vitesse du coursier dont ils sont si fiers, pour suivre au galop et quelquefois dépasser un moment, le train qui vous emporte. On croirait volontiers qu'ils sont placés là tout exprès pour donner un peu d'animation au tableau et distraire quelques minutes le voyageur engourdi par l'uniformité du paysage.

Le sol est tantôt nu et sablonnneux, tantôt formé d'une infinité de petits cailloux au milieu desquels croissent des thyms, des jujubiers sauvages. Mais le plus souvent et sur de très grandes surfaces, le sol est couvert d'une végétation beaucoup plus abondante que vous ne vous l'imaginez sans doute. Il n'y a certes ni forêts, ni cultures ; il n'y a même, pour ainsi dire, aucun arbre de quelque importance, mais d'épaisses touffes d'alfa et de diss poussent sans soins dans ces lieux déshérités, et non seulement y constituent une ressource extrêmement précieuse pour ceux qui sont appelés à y vivre, mais encore sont devenues pour l'industrie une source abondante de richesses.

C'était la seule raison d'être du chemin de fer avant que les nécessités stratégiques n'aient obligé à prolonger la ligne jusqu'à l'extrémité méridionale de ces hautes plaines.

Ce n'est pas à dire cependant que la culture soit impossible et que la terre, si elle était amendée et travaillée comme nous faisons des nôtres, ne récompenserait pas dans une certaine mesure des soins qu'elle aurait coûtés. J'ai fait à cet égard une expérience qui, si modeste qu'elle soit, n'en est pas moins concluante. Quelque temps après mon arrivée à Méchéria, je conçus le projet de créer pour notre popotte ce que d'autres groupes d'officiers possédaient déjà, c'est-à-dire un coin de jardin, avec l'intention d'y cultiver au moins quelques salades. Car la pénurie des légumes frais est telle dans ces contrées, qu'une salade devient un objet de convoitise que vous ne connaissez pas, vous autres, qui n'en avez jamais été privés.

Je mis à profit le puits qu'on avait creusé à proximité des pavillons de l'hôpital et je commençai par imiter le procédé suivi par les habitants des ksours dont je vous parlerai tout à l'heure. Dans le but de protéger mes futures plantations contre le terrible siroco qui grille et dessèche tout ce qu'il rencontre sur sa route, je fis faire tout d'abord des briques avec de la terre glaise mêlée de sable et de courte paille. Le soleil se chargea de les sécher en quelques jours, et bientôt près de deux ares de terrain se trouvèrent garantis contre le vent brûlant du désert, par un mur de 1 m. 50 de hauteur.

A l'abri de ce rempart, je divisai mon enclos en quatre grands carrés que je fis défoncer sur une profondeur de un mètre environ ; puis je remplis ces cavités avec des couches successives et peu épaisses de fumier frais, de cendres de fumiers anciens auxquels on avait mis le feu, et enfin du sable et de la terre retirés pendant le travail de creusement. Au fur et à mesure qu'un des trous était comblé de ces matériaux, je semais de l'orge à la surface, afin d'utiliser immédiatement les fermentations qui devaient se produire dans ce terreau d'un nouveau genre.

Une pompe aspirante et foulante, reliée à notre puits, me permettait d'arroser chaque soir la surface ensemencée. Nous appelions cela : faire notre tour de boulevard, parce que le jet que nous projetions avec notre lance imitait assez bien ces gerbes d'eau dont le service de la voirie inonde nos boulevards dans la période estivale.

Au bout d'un mois, c'est-à-dire au commencement de mai, j'avais un petit champ d'orge de fort belle apparence. Je fis retourner alors la croûte superficielle et j'y semai immédiatement des radis, de la laitue, des melons, etc. A ma grande joie, tout cela poussa à merveille et, dans un temps très court, notre table fut approvisionnée de primeurs succulentes.

Enhardi par ce résultat, j'écrivis à la maison Vilmorin-Andrieux dans les derniers jours de juin, et me fis envoyer par elle un assortiment de plantes potagères que je reçus fin juillet et que je semai tout aussitôt. Le succès fut complet et dès le courant de septembre, nous avions des carottes nouvelles, des tomates fraîches, des haricots verts et autres légumes, qui nous paraissaient d'autant plus savoureux qu'ils étaient le fruit de nos propres efforts.

Le climat est rude à Méchéria, comme sur tous les Hauts-Plateaux, et les écarts de température y sont considérables. En hiver, à cause de l'altitude à laquelle on s'y trouve, il y fait réellement froid, si froid que les cas de congélation ne sont pas extrêmement rares. J'ai observé moi-même plusieurs accidents de cette nature. La température la plus basse dont j'ai gardé le souvenir n'est cependant que de 8 degrés au-dessous de zéro. C'est la nuit, bien entendu, qu'on observe pareil niveau du thermomètre. D'autre part, en été, celui-ci monte jusqu'à 45 degrés à l'ombre, et ne croyez pas que ce soit là un fait exceptionnel. Pendant les mois de juillet et août, j'ai constaté chaque jour entre 40 et 45 degrés !

Ce sont là les températures extrêmes de l'année entière. Les écarts journaliers ne sont pas moins remarquables. En hiver, lorsque, la nuit, le thermomètre marque 4 ou 5 degrés au-dessous de zéro, il monte ordinairement pendant le jour à 8, 10 ou 12 degrés ; mais il n'est pas rare d'observer un écart beaucoup plus prononcé, et l'on voit des températures de 20 et même 25 degrés en plein midi, alors que le matin le sol était couvert de neige. Toutefois, c'est là l'exception, et l'écart entre le maximum et le minimum des 24 heures est habituellement de 12 à 15 degrés.

En été au contraire, lorsque le thermomètre dépasse journellement 40 degrés, il oscille la nuit autour de 20, et c'est là un écart bien précieux qui nous aide puissamment à supporter des chaleurs dont on ne peut se faire une idée, quand on n'a pas eu à les subir. Les nuits à Méchéria sont donc relativement assez fraîches et l'on peut se reposer des grandes chaleurs supportées pendant le jour. C'est là une heureuse différence avec d'autres postes situés bien plus au nord, tels que Biskra, Orléansville, par exemple, où pendant plusieurs jours de suite, le thermomètre ne descend jamais, même pendant la nuit, au-dessous de 34 ou 35 degrés. Ces chaleurs continues sont beaucoup plus fatigantes.

Ce qui aide d'ailleurs à supporter ces hautes températures, c'est l'état de sécheresse presque absolue de l'air. J'ai relevé bien des jours où l'état hygrométrique n'était guère que 8 ou 10 %. Dans ces conditions, nous sommes un peu à nous-même notre propre alcarazas, et l'évaporation cutanée est tellement active que nous subissons, sans en avoir presque conscience, un refroidissement des plus avantageux.

La peau fonctionne doublement dans de pareils milieux, et de plus elle fonctionne bien, sans nous exposer à ces horribles démangeaisons que l'on éprouve l'été au bord de la mer, par suite des sueurs abondantes qu'y détermine une atmosphère chaude, lourde, chargée d'humidité. Si vous avez voyagé dans ces contrées, vous connaissez ces petits boutons rouges auxquels on donne là-bas le nom de gale bédouine, qui n'ont de la gale que le nom, mais qui n'en sont pas moins insupportables et sont dus à l'exagération des fonctions d'une peau que l'air ambiant ne sèche pas au fur et à mesure.

La sécheresse de l'air est donc presque absolue, la plus grande partie de l'année, sur les Hauts-Plateaux et, si c'est au grand détriment de la

végétation , je viens de vous dire que c'est une bonne fortune pour
ceux qui sont appelés à vivre dans ces parages. Elle est telle, et il s'y
joint une telle tension électrique , que si l'on vient à frotter le soir un
chien à rebrousse-poil, l'animal se trouve comme phosphorescent ; de
chaque extrémité pileuse part une étincelle. J'ai répété bien des fois
cette expérience.

Cette sécheresse tient d'ailleurs en grande partie à l'extrême rareté
des pluies ; de longs mois se succèdent sans qu'il tombe une goutte
d'eau. Mais si les pluies sont rares , en revanche elles se montrent de
temps en temps avec une violence telle que vous ne pouvez guère vous
en faire une idée. A une époque que je ne saurais préciser au juste ,
mais qui doit être en janvier 1887, j'ai été témoin d'un ces orages
formidables , d'une de ces pluies diluviennes dont ces contrées nous
ménagent la surprise. Dans une seule nuit , je pourrais même dire en
deux heures, il est tombé 54 millimètres d'eau ! J'ai relevé moi-même
cette indication dans mon pluviomètre. La masse d'eau accumulée dans
l'intérieur de la redoute a été telle que le mur d'enceinte a été ren-
versé tout d'une pièce à l'angle le plus déclive. La brèche n'avait pas
moins de 10 mètres de longueur.

Cette redoute de Méchéria se trouve à peu près au milieu de la
largeur des Hauts-Plateaux. Elle est construite auprès d'une source ,
à 2 kilomètres du pied d'un massif montagneux, le Djebel-Anthar, qui
est là isolé au centre de cette vaste plaine. Ce n'est pas un simple
piton, mais une sorte de dos-d'âne à direction nord-sud , qui est d'autant plus agréable à gravir que les pentes en sont boisées et présentent
en particulier de nombreux térébinthes ou betoums , à l'ombre desquels on est heureux de s'asseoir pour contempler l'immensité qui
vous environne. Le sommet de l'Anthar domine la plaine de 500 et
quelques mètres , et c'est un spectacle bien étrange là-haut que d'em-
brasser d'un coup d'œil cet énorme espace vide et cet horizon qui
s'éloigne à perte de vue, aussi uni sur une grande étendue que l'horizon
maritime. Quelques sommets éloignés en rompent à peine l'étonnante
uniformité. C'est ainsi qu'au nord-ouest on voit le sommet de Mékaïdou,
au nord d'el Aricha, sommet qui est distant d'environ 130 kilomètres.
A l'est , on aperçoit le Djebel-Mégris et quelques sommets des montagnes de Géryville. Au sud , on découvre l'Aïssa , le Meckter, le
Mir-Djebel et quelques autres montagnes situées à l'extrême limite
des Hauts-Plateaux et distantes , elles aussi, d'une bonne centaine de
kilomètres.

Les tribus qui vivent dans cette partie des Hauts-Plateaux appartiennent à la race arabe proprement dite et sont divisées en deux fractions principales : les *Trafi* à l'est du Djebel-Anthar, et les *Hamyan* à l'ouest de ce massif. Je n'ai guère eu de relations avec les Trafi, mais j'ai vu de près les Hamyan. C'est une population superbe, vigoureuse et bien plantée, conduite d'ailleurs par un chef d'une santé extraordinairement robuste, malgré le grand âge auquel il était parvenu. Le brave homme qui les commandait en 1886 était un ami sincère de la France, au service de laquelle il avait, à son actif, 18 blessures de guerre. Il devait avoir à cette époque 80 et des années (on ne sait jamais au juste l'âge des Arabes). L'incident que je vais vous conter vous montrera de quoi sont capables ces natures si vigoureusement trempées, peut-être à cause de la vie rude et grossière menée depuis le plus jeune âge. Peu après mon arrivée à Méchéria, le vieux caïd fut assez gravement malade. Il vint à plusieurs reprises réclamer mes soins et, comme je fus assez heureux pour le débarrasser en peu de temps d'une affection qui le gênait beaucoup, il ne venait jamais à Méchéria sans me rendre visite et insistait beaucoup à chacune de ces entrevues pour que je lui fasse l'honneur d'aller le voir dans sa tribu même. J'avais promis assez vaguement pour ne pas attrister le bonhomme, me réservant de choisir un moment favorable pour une excursion qui ne devait pas manquer d'intérêt.

Au mois de décembre, un de mes bons amis, M. Delafosse, aquarelliste distingué et très amateur d'art et de pittoresque, étant venu passer quelques jours avec moi, je voulus lui servir ce régal et je fis dire au vieux chef que j'acceptais son invitation et que j'irais avec un ami de France prendre la diffa dans sa tribu.

Aussitôt une partie fut organisée et nous nous mîmes en route pour rejoindre son campement, qui était alors à El Agueur, à 26 kilomètres de Méchéria et de l'autre côté de la montagne. Je partis avec mon ami vers 2 heures du matin, de façon à nous trouver au petit jour au col du Chameau qu'il nous fallait franchir au jour naissant et où les officiers du bureau arabe devaient venir nous rejoindre. Nos montures ayant marché plus vite que je ne l'avais prévu, nous arrivâmes à l'entrée du col bien avant l'aurore. Il faisait très froid, si froid que nous nous décidâmes à mettre pied à terre. J'allumai une touffe d'alfa pour réchauffer nos membres engourdis. Aussitôt un feu s'alluma dans la montagne. C'était l'indice que nous étions attendus. En effet, au bout d'un moment, un cavalier arabe venait me dire que le caïd nous attendait au sommet du col. Le vieux brave homme avait passé toute la nuit à la belle étoile, enveloppé simplement dans son burnous ! Nous nous fîmes conduire auprès de lui et nous restâmes à deviser avec notre amphitryon, pendant que le cavalier retournait à la rencontre de nos camarades. Notre hôte avait une manie singulière que je lui connaissais et qui amusa beaucoup mon compagnon de route. Un officier lui avait fait cadeau un jour d'une montre en argent. Bien qu'elle ne marchât plus depuis longtemps sans doute, le caïd interrompait fréquemment la conversation, si on peut appeler ainsi les quelques phrases banales que j'étais à même d'échanger avec lui ; il prenait religieusement sa montre et, nous la présentant, nous demandait l'heure. Ce manège enfantin, il le répéta bien souvent dans la journée que nous passâmes avec lui.

Lorsque les autres invités nous eurent rejoints, le caïd se fit amener une superbe jument grise et prit notre tête jusqu'à une petite distance de son campement. Là une fantasia des plus animées nous attendait, et je n'oublierai jamais la vigueur avec laquelle nous fûmes chargés par les cavaliers de la tribu, conduits par les fils mêmes du vieux guerrier : Attaques de palanquins, simulacres de combats, rien ne fit défaut ; puis nous passâmes à la diffa sous la tente du chef et l'on nous offrit le méchoui (mouton entier rôti), les tadjines (poulets en salmis très épicés), le couscous traditionnels. Quand on nous servit le café, le caïd nous montra avec une fierté légitime un magnifique sucrier en argent que lui avait offert le général Chanzy, et sur lequel était gravée l'inscription suivante : *le général Chanzy à Si Abderrhaman, caïd des Hamyan.*

Le repas terminé, nous restâmes encore quelque temps avec notre hôte, qui nous reconduisit ensuite jusqu'à l'Anthar. Pour un homme de son âge, vous m'avouerez que c'était une journée bien remplie et qu'une tribu commandée par un tel chef est capable des efforts les plus énergiques.

De Méchéria à Aïn-Sefra qui se trouve à 100 kilomètres plus au sud, à la limite extrême des Hauts-Plateaux, la voie ferrée continue tout d'abord à suivre la plaine et passe à côté d'une sebka ou petit chott, celle de Naâma ; puis elle s'engage entre deux massifs : le Djebel-Mourad à droite, le Djebel-Aïssa à gauche. Ces deux montagnes sont orientées à peu près comme l'Anthar, et viennent aboutir à un étroit couloir dirigé de l'ouest à l'est et dans le fond duquel se trouve notre Aïn-Sefra. C'est là que s'arrête le chemin de fer. Nous y arrivons à

7 h. 35 du soir, juste douze heures après notre départ de Saïda. Le parcours de cette partie de la ligne est de 282 kilomètres.

On croit généralement qu'Aïn-Sefra est une oasis, mais je vous assure que vous n'auriez aucune idée d'une oasis, si vous preniez Aïn-Sefra comme modèle du genre. Il y a bien quelques rares palmiers dont le panache tranche vivement sur le fond jaune des habitations ksouriennes. Mais de là à une oasis, il y a un monde. A vrai dire, Aïn-Sefra n'est qu'un ksar à moitié ruiné, c'est-à-dire une agglomération de maisons construites en terre cuite au soleil, de petits jardins entourés de murs de même nature, le tout enveloppé d'un mur d'enceinte également en terre, au-dessus duquel dominent çà et là quelques tours rondes, toujours en terre, qui servent de vigie et d'où l'on appelait les habitants à la résistance, lorsqu'une attaque de nomades paraissait imminente.

A côté de cette ancienne enceinte, nous en avons élevé une nouvelle en pierres, qui abrite les pavillons destinés au logement des troupes détachées dans ce poste avancé. Ces deux enceintes sont sur le versant méridional de l'oued Sefra ou rivière Jaune. Au nord de la rivière se trouvent la gare et un village européen composé presque uniquement de marchands, où nous nous approvisionnions des denrées qui nous étaient nécessaires.

Au sud et au sud-ouest, le vent a accumulé des dunes énormes qui n'ont pas moins de 12 à 15 kilomètres de longueur sur 2 à 3 d'épaisseur à la base, avec une hauteur moyenne de 100 à 120 mètres. Ce sable est extrêmement mobile et se déplace avec le vent régnant. C'est la plaie de la région. Aussi, ai-je été très surpris de constater dans le magnifique ouvrage d'Élysée Reclus, qu'il présente Aïn-Sefra comme un lieu salubre, comme le sanatoire des troupes du sud. Les renseignements fournis au grand géographe sont inexacts. Ce n'est pas à Aïn-Sefra que se trouvait le sanatorium, tant s'en faut, au contraire. L'été y est si rude que l'on faisait camper les troupes à tour de rôle à 20 kilomètres plus au nord, au beau milieu du Djebel-Aïssa, près duquel nous sommes passés tout à l'heure. Il y a là, dans un léger écartement des collines, un mamelon, pour ainsi dire isolé, entouré par ces collines de tous les côtés, sauf en un point par où on y accède. Le mamelon est des plus remarquables. De magnifiques forêts existent sur ses flancs, et l'on retrouve là des chênes, des ormes, des peupliers et plusieurs autres essences de France. Une source abondante y a été découverte et captée, si abondante que mes collègues en avaient utilisé le trop-plein pour y créer un établissement de douches en plein air, aussi agréables que bienfaisantes. Les tempêtes de sable qui se déchaînent dans la plaine qui est à l'ouest de l'Aïssa ne parviennent pas jusqu'au sanatorium, et rien n'est curieux, me disait mon prédécesseur, comme le contraste entre l'air pur de cette crique et l'atmosphère brûlante et louche de la plaine avoisinante.

A Aïn-Sefra, on n'est plus séparé du grand désert que par une chaîne de montagnes dont les sommets ont jusqu'à 2,000 et même 2,100 mètres d'altitude. Cette chaîne des Ksour commence au Maroc, immédiatement au nord de la fameuse oasis de Figuig et suit une direction générale sud-ouest nord-est, pour se continuer sans interruption avec le massif du Djebel-Amour. C'est le domaine de la tribu guerrière des Ouled-Sidi-Cheick.

Pendant mon séjour à Aïn-Sefra, j'ai fait la traversée complète d'une de ces montagnes, le Djebel-Meckter, dans des conditions qui en font l'un des meilleurs souvenirs de mon existence en Afrique. C'était en décembre 1885, nous étions partis d'Aïn-Sefra vers midi, un lieutenant de spahis, son spahi et moi. Au lieu de suivre la route des caravanes dont je vous parlerai tout à l'heure, nous avions pris le parti de franchir directement le Meckter. La montée n'avait rien présenté d'extraordinaire et nos bêtes avaient gravi sans trop de peine le sentier arabe qui mène au sommet de la montagne. Arrivés là, notre guide, pour nous faire regagner les deux heures de retard que nous avions eues au départ, voulut nous faire piquer droit vers le lit de l'oued Meckter, lit par lequel nous devions passer pour arriver dans la plaine et gagner l'oasis de Moghrar, but de notre voyage. Vers 4 h. du soir, un incident de route (la perte du burnous du lieutenant), nous fit perdre environ une heure. Le burnous retrouvé, nous reprîmes notre marche en traînant nos chevaux par la bride, tant la pente que nous suivions était raide. Malheureusement, les deux retards combinés firent que nous gagnâmes le lit de la rivière seulement à la nuit tombante, à l'heure même où nous aurions dû en sortir. Le jour baissa rapidement et la nuit nous trouva engagés dans un chemin impossible à décrire. De gros rochers barrent à tout instant le lit de la rivière, excessivement encaissée en cet endroit. Rester là était impossible. Nous n'avions rien pour nous couvrir et le froid était fort vif. Nous résolûmes de continuer notre route. Au début, la clarté d'une planète suffit encore quelque temps pour nous permettre de nous guider, mais l'astre disparut bientôt derrière la montagne et la nuit se fit complète.

Heureusement, nous avions des allumettes-bougies et vous allez voir combien elles nous furent utiles. Nous allumâmes successivement, soit les touffes d'alfa qui croissent sur les talus, soit des branches desséchées que nous ramassions sur notre route, et c'est à la lueur de ces torches improvisées que nous marchâmes pendant quatre heures, de 8 heures du soir à minuit. Nos chevaux refusaient le plus souvent d'avancer. Il fallait que nous sautions le rocher d'abord, puis, arrivés de l'autre côté, nous nous pendions aux rênes et peu à peu amenions la bête affolée à se lancer à son tour. Vous jugerez si l'on va vite dans de semblables conditions. Mais cette marche de nuit, dans un ravin d'une profondeur qui m'a semblé énorme, avec des murailles à pic qui paraissaient d'une hauteur prodigieuse, notre isolement même dans des conditions aussi critiques, les ombres gigantesques que nous projetions sur la montagne, tout cela avait un charme infini que je n'oublierai jamais. Vers minuit, nous quittâmes le lit de l'oued, et après deux heures de chevauchée au pas, nous arrivâmes à Moghrar-Thatani, qui est actuellement notre poste le plus reculé de la province d'Oran. Un détachement de spahis y garde l'entrée du grand désert.

Moghrar-Thatani est une belle oasis, peu étendue il est vrai, mais bien aménagée, surtout au point de vue de l'irrigation des jardins et des plantations abritées par les palmiers. Elle est traversée par l'*oued Namous*, ou rivière des moustiques, rivière qui appartient toute entière au Sahara proprement dit et qui se dirige directement du nord au sud vers les oasis du Gourrara et du Touat, d'où elle se prolonge même, paraît-il, jusqu'au Niger. Mais c'est là une question que l'avenir se chargera sans doute de résoudre.

De Moghrar, une route facile remonte vers le nord, en suivant de très près le lit de l'oued Namous. J'eus la bonne fortune d'y rencontrer toute une caravane arabe qui revenait précisément du Gourrara avec des charges de dattes sèches. Je pus ainsi me rendre compte de l'ordre de marche adopté par ces caravanes dans leurs traversées du désert.

Cette route contourne le massif du Meckter et aboutit, après un défilé assez étroit, à une charmante petite oasis, celle de Tiout, qui fut bien ravagée, elle aussi, lors du terrible ouragan dont je vous ai parlé à propos de Méchéria. Je craindrais d'exagérer en vous répétant le chiffre des palmiers que l'on m'a dit avoir été renversés par la tempête.

Outre la végétation luxuriante qui caractérise toute oasis, indépendamment des sites ravissants que vous pourrez admirer à l'ombre des palmiers, vous trouverez à Tiout des inscriptions ou plutôt des dessins bien curieux qui remontent certainement à une époque très reculée et que vous remarquerez sur de gros rochers rouges , accumulés au nord du village. Parmi ces rochers , quelques-uns forment une paroi verticale, parfaitement unie et haute de 4 à 5 mètres. Toute cette face est remplie de figures profondément sculptées dans la pierre. J'aurais voulu m'en procurer une reproduction et vous la soumettre , mais je n'ai pu l'obtenir. Je me rappelle qn'on y reconnaît fort bien un éléphant, plusieurs autruches, des files d'hommes nus, armés d'arcs et de flèches ; mais le souvenir que j'en ai gardé est trop confus et les renseignements que j'ai pu obtenir sur leur origine sont trop vagues pour que je puisse chercher à en interpréter ici les caractères.

A Tiout, vous êtes à 15 kilomètres à l'est d'Aïn-Sefra. Il vous sera facile de les franchir en suivant l'oued Sefra et de revenir ainsi à la gare terminus actuelle. Il est peu probable qu'Aïn-Sefra reste long-temps tête de ligne. On veut poursuivre plus loin et peut-être est-ce là l'amorce de ce transsaharien si souvent mis à l'étude. Sans vouloir aucunement trancher une question aussi controversée , il me semble qu'il serait facile de passer par la route des caravanes que vous avez suivie avec moi tout à l'heure. Mais Figuig est là qui attire nos ingé-nieurs, et c'est de ce côté que se dessinent toutes les préférences.

Quoi qu'il en soit , revenus à la gare terminus actuelle , il ne vous restera plus qu'à suivre en sens inverse le chemin que je vous ai fait parcourir.

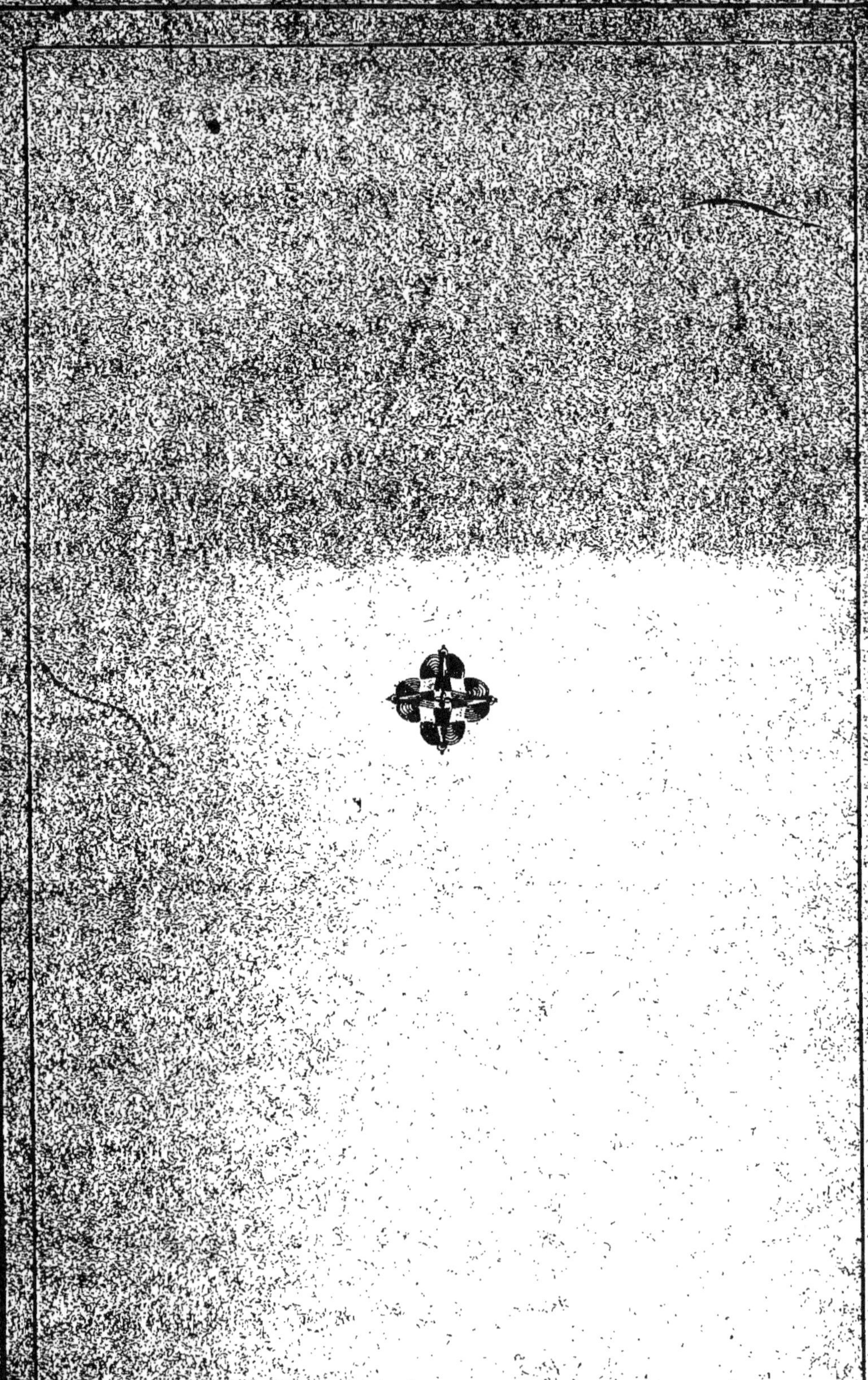